# Ediƈt du Roy, ſur la CREATION ET ERECTION des maiſtres Priſeurs, vendeurs de biens meubles, en chacune ville & bourgade de ce Royaume : auec les Lettres patentes dudiƈt Seigneur, contenans le ſalaire deſdits Priſeurs vendeurs, & autres Lettres de declaration ſur ledit Ediƈt : le tout pour la conſeruation de tous biens meubles, tiltres & enſeignemens delaiſſez par le decez & treſpas des decedez.

A PARIS,

Par FEDERIC MOREL, Imprimeur ordinaire du Roy.

M. D C V.

*Auec priuilege de ſa Maieſté.*

# EDICT DV ROY SVR LA *creation & erection des Maistres Priseurs, vendeurs de biens meubles, en chacune ville & bourgade de ce Royaume.*

HENRY, par la grace de Dieu, Roy de France: à tous presens & aduenir, salut. Cõme pour le bien & profit de toutes personnes, l'on ait accoustumé faire description & inuentaire de tous biens meubles, tiltres & enseignemens, delaissez par le decez & trespas des decedez, à la conseruatiõ du droict à qui il appartient, & de la valeur d'iceux meubles & autres pris par execution, delaissez par aulbeine, confiscation ou autrement en quelque maniere que ce soit, faire estimation ou prisee. Pour ce fait, diuiser, lottizer & partager lesdits biens meubles entre les coheritiers ou ayans droict le plus commodément & esgalement que faire se peut, si à ce lesdits coheritiers ou parties s'y accordent, sinon le cas requerât, les vendre au plus offrant & dernier encherisseur, és places & lieux publiques, és iours de marché, & à ce accoustumez pour les deniers prouenans desdictes ventes, estre mis, baillez & deliurez où il conuient & est ordonné.

Pour lesquelles prisees, ventes & partages faire, les tuteurs & curateurs des mineurs, commissaires, depositaires & autres charges par iustice, ayans intelligence, faueur & amitié auec les priseurs, qui se sont entremis cy deuant & entremettent iournellement faire lesdictes prisees desdits biens estans prins, choisis & autrement practiquez par lesdicts tuteurs, gardiens & depositaires, ont souuent faict & font lesdites prisees & ventes à leurs intentions & volonté : à fin que n'estans lesdits meubles venduz par les dessusdits tuteurs, commissaires & depositaires, ils fussent & soient quittes enuers les proprietaires desdits biēs pour ladicte prisee & estimation qui en auroit esté faicte à vil prix, & maintesfois moins que la moitié de iuste prix d'iceux. Comme aussi aux ventes desdits meubles se sont commis plusieurs fraudes & abus, pour auoir esté & estre faites és lieux, iours & heures indeuës: Et lesdits biens souuent deliurez soubs noms supposez, à ceux qui en faisoient les ventes, leurs femmes, enfans, seruiteurs ou autres par eux attiltrez, sans encherir ou à simple enchere: pour puis apres les reuendre en leurs boutiques & estats ordinaires de frippiers & regratiers, à plus haut prix la moitié, qu'ils ne les ont acheptez, & outre le prix & salaire excessif que prenoient ceux qui faisoient & font lesdites prisees & ventes desdits meubles, comme dix à douze deniers pour liures, & autres dons & presens qu'ils tirent & exigent, de ceux en faueur desquels ils font ladite prisee, estimation & vente: mesmement des particuliers achepteurs delayans lesdites prisees & ventes, à fin que eu esgard au temps, ils prennent plus grand salaire. Et d'auantage nos sergens à cheual prenans charge de nos receueurs, pour le recouurement de nos amendes, aydes, tailles & autres nos deniers & affaires : & semblablement pour autres particuliers nos subiets ayans faict execution ou vente de meubles en vn lieu, ont par cy deuaut retenu & retiennent les deniers longuement entre leurs mains, pour les autres longs voyages & diuerses executions qu'ils entreprennent en diuerses contrees & pays : qui est venu au grand interest & retardement de nos deniers & de nos subiects faisans grād seiour aux despens des parties. Pour lesquelles occasions & obuier aux autres grands abuz & fraudes qui en ce se sont descouuerts en plusieurs villes & endroits de nostre Royaume, nos predecesseurs Roys & nous auons en aucuns d'iceux lieux creé & erigé en chef & tiltre d'office formels & perpetuels, certains maistres priseurs, vendeurs desdicts meubles, pour priuatiuement à tous autres faire les prisees, estimations & ventes, partages & lots de biens meubles qui seroient requises & necessaires, pour faire cesser esdits lieux les fraudes, intelligences & practiques, abuz, & autres maluersations qui se faisoient & se sont souuent faictes esdictes prisees & ventes de meubles & partages d'iceux, lesquels se commettét & peuuent aysément cõmettre & continuer és autres villes de nostredit Royaume : A quoy est tresgrand besoin & requis y pourueoir : & pour le soulagement de nous & de nos subiects, donner ordre & forme ausdictes prisees & ventes desdits biens meubles, qui se feront cy apres.

Sçauoir faisons, que nous considerans le grand bien que par l'erection desdits offices de priseurs, vendeurs de biens meubles est aduenu és villes & lieux où ils ont esté establis : & pour les mesmes causes qui nous ont meu & nos predecesseurs Roys faire creation & erection d'office desdits priseurs, védeurs, & obuier aux fraudes & abuz dessusdits qui chacun iour se commettent aux prisees & ventes desdits meubles, tant à nostre preiudice, retardement de nos deniers, qu'au grand dommage & interest de nos subiects. Auons par l'aduis des Princes de nostre sang & gens de nostre priué conseil, dict, statué & ordonné, disons, statuons & ordõnons qu'en toutes & chacunes les villes, bourgs & bourgades de nostre Royaume ayans siege & iurisdiction Royal, & autres que besoin sera, ausquelles n'ont encores esté creez & establis en tiltre d'office formez aucuns priseurs, vendeurs de biens meubles, ou si establis y ont esté, ne sont en nombre suffisant, seront par nous ordonnez & establis priseurs, vendeurs de biens meubles, lesquels à ceste fin nous auons creez & erigez, & par ces presentes creons & erigeons, en chef & tiltre d'office, formels & perpetuels pour y estre ceste premiere fois, & doresenauant quand vacation y escherra, en nos villes par nous & nos successeurs Roys, pourueu en tiltre d'office, & en tel nombre que requis & besoin sera, personnes suffisans, capables, experimentez, & en telles choses cognoissans, qui de ce feront le serment pardeuant nos Iuges ordinaires des lieux, nostre Procureur à ce appellé : lesquels au dedans du ressort de la iustice & iurisdiction des villes & lieux où ils seront pourueuz & establis, & qui par leurs lettres de prouision & establissement leur seront limitez & ordonnez,

ordonnez, feront priuatiuement à tous autres, toutes & chacunes les prisées & estimations de tous biens meubles, delaissez par le decez & trespas de toutes personnes, ou prins par execution, baillez en garde, ou autrement, qui seront ordonnez par iustice, ou par consentement, ou accord des parties, ou autrement requises estre faictes en quelque maniere que ce soit. Et semblablement feront ventes publiques desdits meubles, soit qu'elles se facent d'accord & volonté des parties, ou par ordonnance ou execution de iustice, à l'inquant & plus offrant, pour nos deniers : ou à la requeste & instance des particuliers: ou autrement de quelque nature ou espece que soient lesdits meubles, sinon que ce fussent meubles de haut prix : C'est à sçauoir, vaisselles d'or, d'argent, bagues, pierreries & ioyaux precieux, desquels les prisées & estimations se feront par vn ou deux orfeures iurez, qui à ce seront choisis par les parties, en la maniere accoustumée, & par prouision, iusques à ce, que par nous autrement y ait esté pourueu & ordonné, sans qu'il soit d'oresenauant permis ne loysible à frippier, n'a nos huissiers, sergens ou aucunes autres personnes eux ingerer ne s'entremettre de plus faire lesdites estimations, prisees & ventes, ne à nos receueurs, procureurs ne officiers, ne semblablement aux particuliers les faire faire par autres que lesdits priseurs, vendeurs, aux villes & lieux où seront par cy apres par nous establis: sinon que lesdicts sergens fussent requis & priez par lesdites parties, assister seulement esdites ventes qui se feront par lesdits priseurs, vendeurs, sur peine de nullité desdites prisees, estimations & vente desdits meubles, despens, dommages & interests des parties interessees, pour le regard de ceux qui les auront fait faire, & d'autant d'amende enuers nous, pour le regard de ceux qui les auront faictes comme lesdites prisees, ventes & estimations se seront trouuees monter: nonobstant quelsconques vsages, possessions, iouyssance & entreprinses de ce faire, lesquelles nous auons abolies, & abolissons par ces presentes.

Et à ce que pour l'absence desdits priseurs vendeurs, les prisees, estimations & ventes ne soient aucunement retardees, voulons & ordonnons que lesdits priseurs vendeurs facent actuelle & cōtinuelle residence aux lieux où ils serōt, par leurs lettres de prouision, ordonnez & establis, sans qu'ils puissent faire ne entreprendre aucunes ventes, prisees ou estimations hors les limites & ressort ausquels ils y auront esté establis: ne semblablement eux mesler de l'estat de frippiers, regratiers, ne reuendeurs, soient par eux, leurs femmes, ou autres personnes interposees directement ou indirectement en quelque maniere que ce soit: ny semblablement acheter, ou faire acheter pour eux, aucuns des meubles, dont ils feront la vente, sur peine de priuation de leurs offices, & d'amende arbitraire enuers nous, & mesmement de punition corporelle à discretion de iustice.

Et seront tenus & subiects les notaires ou greffiers, qui feront lesdicts inuentaires desdits biens meubles, faire article separé, & à part, de chacune espece de meubles. Et semblablement les priseurs, vendeurs, en faire la prisee & estimation separément & à part, quand la piece excedera la valeur de trente sols tournois : Et aussi arrester à la fin dudit inuentaire, la somme totalle, à laquelle montera ladicte prisee, qui sera signee par ledit priseur, vendeur, auec lesdits notaire ou greffier, à fin que s'il plaist aux parties ou proprietaires d'iceux meubles, lesdicts vendeurs, priseurs, soient tenuz & subiectz, prendre iceux biens meubles particulierement pour l'excessiue prisee qu'ils en auroient faite souz pretexte de plus grand salaire, ou voulant gratifier à l'vne ou l'autre des parties : apres toutesfois qu'iceux meubles auront esté exposez publiquement en vente, & qu'ils n'auroient esté venduz, ains demeurez pour ladite prisee. Et quant aux prisees & estimations, qui seront faictes apres l'inuentaire, & semblablement pour le faict des ventes desdicts meubles, Voulons & ordonnons, que d'icelles prisees, semblablement desdites ventes, lesdits vendeurs, priseurs, facent bon & fidelle registre qu'ils garderont pardeuers eux, pour y auoir recours quand besoin sera, & deliurer actes, copies, & extraicts aux parties qui les requerront, ausquels voulons foy estre adioustee, comme aux registres & actes publiques, sans que pour les premiers extraicts, actes, ou copies qu'ils en deliureront aux parties poursuiuantes, ils puissent prendre aucuns dons, presens, n'autres choses que le salaire qui leur sera par nous ordonné, comme dit est, pour lesdites prisees, estimations & ventes, sinon qu'il fust question leuer lesdites actes, copies ou extraicts, pour la deuxiesme, tierce ou reïteree fois, auquel cas lesdits priseurs, vendeurs, pourront prendre pour leursdits extraicts, ou copies, à la raison de douze deniers tournois pour chacun roolle raisonnablement escrit.

Voulons & ordonnons que lesdicts huissiers, sergens, ou autres officiers de iustice, qui auront prins ou saisi aucuns meubles, par execution, exploict de iustice ou autrement, pour estre venduz à l'inquant & publiquement, soit à la requeste des creanciers particuliers, ou pour nos deniers & affaires, ayent incontinent, & auant que de partir de la ville ou lieu, auquel ils auront prins & saisi meubles, apporter les inuentaires qu'ils auront faicts d'iceux meubles, deuëment signez d'eux, par deuers lesdicts priſeurs vendeurs, leſquels nous voulons de ce eſtre chargez comme depoſitaires de iuſtice, pour eſtre premierement priſez & eſtimez, ſi la partie le requiert, & non autrement, & par apres eſtre venduz à l'inquant, & plus offrant, par leſdits priſeurs vendeurs, & non autre, & leſdites ventes eſtre faites publiquemenr à iours & heures de marché, és lieux & places publiques à ce accouſtumez.

Eſquelles ventes & deliurances leſdits ſergens, qui auront fait leſdites executions, ou autres qu'il plaira auſdites parties executees, pourront aſſiſter & eſtre preſens, comme deſſus, leſquelles ventes ſe feront par leſdits priſeurs vendeurs, depuis neuf heures du matin, iuſques à douze: & de releuee, depuis vne heure, iuſques à quatre, ſinon que leſdites ventes fuſſent volontaires, & que les parties ſ'accordaſſent d'autres lieux, places, heures & iours: & ſeront leſdits priſeurs vendeurs tenus deliurer ſur le champ, ſans retardement ne precipitation, au dernier encheriſſeur, les meubles par luy encheris & mis à prix, en prenant toutesfois par eux le nom &

surnom dudict dernier encherisseur, auec mention expresse des especes & payement qui leur seront faits, fors & excepté des bagues, ioyaux precieux, vaisselle d'or, ou autre meuble d'argent, que nous voulons estre exposez en vẽte publiquement, par trois diuers iours de marché, sinon que les parties, ou l'executé, en fussent autrement d'accord, & sans prendre dudict encherisseur ou encherisseurs, directement ou indirectement, aucun don, salaire, ou proffit pour ladite deliurance, n'autre chose que le prix de la derniere enchere: & ce sur peine de priuation de leurs offices: sinon que le proprietaire, si present y estoit ou procureur pour luy, requist la deliurance dudit meuble, ou meubles encheris, estre differee iusques au prochain iour: auquel cas ladite deliurance surseẽra iusques au iour, auquel sans remise & autres iteratiues proclamations, se fera la deliurance. Et au cas qu'il y eust dilation faicte à la requeste dudict proprietaire, de ladite deliurance d'iceux meubles ia criez, iceluy proprietaire sera tenu de bailler bonne & suffisante caution, & soy cõstituer achepteur de biens de iustice, pour satisfaire au surplus de la derniere enchere, s'il aduenoit qu'au iour que ledit meuble sera remis pour estre vendu & deliuré, iceluy meuble n'estoit tant vendu comme au iour ou iours precedens desdites encheres premieres.

Et seront lesdicts priseurs vendeurs, tenus receuoir les deniers desdites ventes, pour incontinent, ou trois iours apres du plus tard, les deliurer aux poursuiuans lesdites ventes, ou autres qu'il appartiendra : à quoy faire ils seront tenus, & contraingnables par corps, lesdits trois iours passez, comme depositaires de iustice : sinon que les sergens à cheual, ou autres poursuiuans lesdites ventes, ou les parties, eussent commis autres personnes pour receuoir lesdits deniers, ou que le sergent qui auroit fait ladite execution ou saisie desdits meubles, ne retournast dedans la huictaine apres lesdites ventes : auquel cas à ce que pour les longs voyages, diuerses charges & commissions que nosdits sergens à cheual entreprennent, noz deniers ne soient retardez, nous voulons lesdicts deniers desdictes ventes, quand

elles

elles seront faictes pour noz amendes, debtes ou affaires, estre enuoyez par lesdicts vendeurs, aux despens desdits deniers, par deuers celuy de noz receneurs, qui aura fait faire lesdites executions & ventes par les messagers ordinaires des lieux, s'il en y a, ou sinon par gens exprés, & le semblable estre faict pour lesdits particuliers, quand ils le requerront. Le salaire des prisees & estimations & ventes selon qu'il sera cy apres par nous limité par les lettres de prouision de ceux qui seront par nous cy apres pourueuz desdits estats & offices, & que les lieux & villes esquelles seront instituez & establis lesdicts priseurs vendeurs, le requerront & sera raisonnable : qui sera de quatre deniers tournois pour liure de la prisee, & de semblable somme pour la vente d'iceux biens meubles : aux charges toutefois contenuës & declarees par ces presentes, ledict salaire preallablement pris & rabatu par lesdits priseurs vendeurs, sur les deniers prouenans desdites prisees & ventes.

Voulons en outre & ordonnons que où il sera besoin prendre & choisir arbitres pour faire lots & partages de biẽs meubles, entre coheritiers acheteurs ou autres, lesdits priseurs vendeurs y seront appellez auant tous autres, sur peine de nullité desdits partages : sinon que les parties vsans de leurs droicts, eussent entre eux conuenu d'aucuns de leurs parens ou amis, non estans toutesfois dudit mestier de frippier, regratier, ne reuendeur, pour accorder desdits partages & lots, lesdites prisees & estimations preallablement faites par lesdits priseurs vendeurs.

Et pource qu'il pourroit aduenir, que en grandes & opulentes successions, ou és maisons des marchans traffiquans de grosses marchandises, il sera besoin & necessaire faire prisee & estimation desdicts biens meubles, ou marchandises ainsi delaissees, & lesdicts priseurs vendeurs n'eussent la pleine & entiere cognoissance d'icelles marchandises & meubles.

Pour ces causes auons ordonné & ordonnons, que lesdits priseurs vendeurs, qui seront appellez pour faire la prisee & estimation desdites marchandises, seront tenuz d'appeller auec eux, pour faire ladite priſee, vn ou deux notables marchands traffiquans ſemblables marchandiſes, & cognoiſſans leſdits meubles & marchādiſes: Leſquels, apres ſerment par eux faict, priſeront en leurs conſciences leſdites marchandiſes & meubles: le prix deſquelles ils ſeront tenuz ſigner, aux charges & conditions cy deſſus declarees. Et leſquels marchands ſeront tenuz iceux priſeurs vendeurs contenter & ſalarier à leurs deſpens, à raiſon de vingt ſols pariſis pour iour: ſans ce que iceux priſeurs vendeurs en puiſſent pretendre autre droict que celuy que leur auons cy deſſus ordonné.

Si donnons en mandement par ceſdites preſentes à noz amez & feaux les gens tenans & qui tiendront nos Cours de Parlement à Paris, Thoulouſe, Bourdeaux, Roüen, Dijon, Prouence, Daulphiné, & Bretaigne, Baillifs, Seneſchaux, Preuoſts, Iuges, ou leurs Lieutenans, & à tous noz autres Iuſticiers & ſubiects, ſi comme à eux appartiendra, que noz preſentes declaration, ſuppreſſion, erection, intention, vouloir, reiglement, Edict, ſtatut & Ordonnance

faicte par cesdites presentes, ils entre-
tiennent, facent & obseruent, facent
entretenir, garder & obseruer de poinct
en poinct, selon leur forme & teneur,
lire, publier & enregistrer en leur Cour
& iurisdictions ordinaires, sans faire ne
souffrir aucune chose estre faite au con-
traire : laquelle si faicte auoit esté ou
estoit, ils le reparent, cassent & annul-
lent, facent reparer, casser & annuller
incontinent & sans delay, reçoiuent ou
facent receuoir ceux des officiers par
nous creez, & qui seront par nous pour-
ueuz, & de nous auront obtenu lettres
de prouision desdits offices : & prins &
receu le serment en tel cas requis & ac-
coustumé, ils facent, souffrent & laissent
pleinement & paisiblement iouyr &
vser desdites offices & prouisions, en-
semble des droicts & proffits qui leur
seront par leurs lettres de prouision par
cy apres ordonnez : & à ce faire & souf-
frir ils contraignent reaument & de fait
toutes personnes qu'il appartiendra,
nonobstant oppositions ou appellatiõs
quelsconques, pour lesquelles ne vou-
lons estre differé, nonobstant aussi quel-
ques prescriptions, possessions ou vsur-

pations faites au contraire de cesdictes presentes, alleguees ou à alleguer, par quelque personne que ce soit ou puisse estre. Et pource que de ces presentes l'on pourra auoir affaire en plusieurs & diuers lieux, nous voulons qu'au double & vidimus d'icelles, faits soubs seel Royal, foy soit adioustée comme à ce present original: auquel, à fin que ce soit chose ferme & stable à tousiours, nous auons fait mettre nostre seel à ces presentes, sauf en autres choses nostre droict, & l'autruy en toutes.

Donné à Paris, au mois de Feurier, l'an de grace mil cinq cens cinquante six: Et de nostre regne le dixiesme.

Ainsi signé, HENRY.

Et plus bas, Par le Roy, estant en son Conseil. DVTHIER.

Visa. Contentor. Hurault.

Et seellees du grand seel en cire vert, sur lacs de soye rouge & vert.

Et au dessouz est escrit.

*Lecta, publicata & registrata, audito & requirente Procuratore generali Regis, de mandato expresso eiusdem Domini nostri Regis, iteratis vicibus facto: & sub modificationibus in registro curiæ contentis, Parisiis,* à la cõdition toutefois de deux deniers tournois pour liure, que nous auons par ces presentes signees de nostre main arbitree, ordonnee & moderee : arbitrons, ordonnons & moderons pour le salaire, ausdicts maistres priseurs vendeurs de biens meubles qui par nous seront cy apres pourueuz en vertu de nostredit Edict, & ce sans attendre de nous autres lettres de plus exprés commandement que cesdites presentes: lesquelles nous voulons vous seruir de premiere, seconde, & tierce iussion: Car tel est nostre plaisir.

Donné à Villiers Costerets, le vingtiesme iour de May, l'an de grace, mil cinq cens cinquante-sept. Et de nostre regne l'vnziesme.

Ainsi signé, HENRY.

Et plus bas, Par le Roy.

DVTHIER.

Et seellees du grand seel en cire iaune, sur simple queuë.

Et au dessoubz est escrit :

*Lecta, publicata & registrata, audito & requirente Procuratore generali Regis, de mandato expresso eiusdem Domini nostri Regis, iteratis vicibus facto, & sub modificationibus*

*ionibus in registro curiæ contentis, Parisiis, in Parlamento, vicesima secunda die Iunij, anno Domini millesimo quingentesimo quinquagesimo septimo.*

*Sic signatum*, DV-TILLET.

Collation est faicte à l'original.

Ainsi signé, DV-TILLET.

## LETTRES PATENTES DV *Roy, en forme de declaration & reglement sur l'Edict de la creation en offices de maistres Priseurs & vendeurs de biens meubles en chacune ville, bourg & bourgade de ce Royaume.*

HENRY par la grace de Dieu, Roy de France, à tous ceux qui ces presentes lettres verront, salut. Pource qu'en procedant par nostre Cour de Parlement de Paris, à la publication de l'Edict par nous faict de la creation des offices de Priseurs & vendeurs de biens meubles en chacune ville de nostre Royaume, elle a ordonné que ceux qui seront pourueuz desdicts offices, iouyront d'iceux quand il plaira aux parties les y appeller, & non autrement. On a voulu pretendre que lesdictes parties pourront appeller, & faire faire lesdites prisees & ventes par autres que ceux qui seront pourueuz desdicts offices, lesquels partant seroient de nul effect ausdits pourueuz.

Sçauoir faisons, que nous deuëment informez du contenu dudit Edict, Arrest de ladite Cour, donné sur la publication d'iceluy, & ayant bien & meurement entendu les remonstrances dernieres à nous sur le fait dudit Edict, faites par aucuns du corps de nostredicte Cour, à ce par elle commis & deputez.

Auons dict & declaré, & de nos certaine science, pleine puissance & auctorité Royalle, disons & declarons, que par ledict Arrest de publication portant pour en iouyr par ceux qui seront pourueuz desdits offices, quand il plaira aux parties les y appeller, & non autrement: Lesdicts pourueuz desdicts offices ne ſont excluz de faire leſdictes priſees & ventes deſdits biens, ains voulons que leſdites priſees & ventes deſdits biens ſoient faites par leſdits priſeurs & vendeurs, & non par autres, ſuyuant ledict Edict, quand il ſera requis & neceſſaire faire aucunes priſees & ventes.

Et ſeront leſdits priſeurs & vendeurs payez à raiſon, & tout ainſi qu'il eſt cõtenu par ledit Edict. Pourront toutefois les parens coheritiers faire entre eux, & non autrement, les priſees & vẽtes de leurs biens meubles, ſans appeller leſdits priſeurs vendeurs: Mais ſ'ils en appellent aucuns, ſeront tenuz appeller leſdits priſeurs & vendeurs, & non autres, comme dit eſt.

Inhibant & defendant treſ-expreſſément à tous ſergens, frippiers, & autres, ne ſ'entremettre doreſenauant faire leſdites priſees & ventes, ne empeſcher les pourueuz deſdits offices en l'exercice & iouyſſance d'iceux: Et à toutes perſonnes, de faire faire leſdites priſees & ventes par autres que leſdits priſeurs & vendeurs: ſur peine d'amende arbitraire, deſpens, dommages & intereſts des parties, & de nullité deſdites priſees

& ventes, que nous auons dés-apresont declarees & declarons nulles & de nul effect.

Si donnons en mandement, par cesdictes presentes, à noz amez & feaux, les gens de noz Cours de Parlement, Baillifs, Seneschaux, Preuosts, ou leurs Lieutenans, & à tous nos autres iusticiers & officiers qu'il appartiendra, que ledit Edict & cesdites presentes ils facent lire, publier & registrer, garder, obseruer & entretenir de poinct en poinct, selon la propre forme & teneur: sans y contreuenir ne enfraindre, ne souffrir estre contreuenu en quelque maniere que ce soit.

En contraignant à ce faire, souffrir & obeir lesdits sergens, frippiers & autres qu'il appartiendra, & qui pour ce serõt à contraindre, par toutes voyes deuës & raisonnables procedans contre les infracteurs de nostredit Edict, & de cesdites presentes, comme infracteurs de nos Edicts & Ordonnances.

Le tout nonobstant oppositions ou appellations quelsconques, & sans preiudice d'icelles: pour lesquelles ne voulons estre differé. Car tel est nostre plaier, nonobstant lesdites remonstrances, & modifications susdites de nostredite Cour de Parlement de Paris, & quelsconques Edicts, Ordonnances, restrinctions, mandemens, defenses, & lettres à ce contraires.

Et pource que de cesdites presentes on pourra auoir affaire en plusieurs & diuers lieux, nous voulons qu'au vidimus d'icelles faict soubz seel Royal, foy soit adioustee comme au present original.

Auquel en tesmoin de ce, nous auons faict mettre nostre seel à cesdictes presentes.

Donné à Paris, le vingt-septiesme iour d'Auril, l'an de grace, mil cinq cens cinquante huict.

Et de nostre regne, le douziesme.

Ainsi signé, HENRY.

Et sur le reply, Par le Roy,

DE L'AVSBESPINE.

Et seellé sur double queuë du grand seel, en cire iaune.

*Lecta, publicata & registrata, audito & requirente Procuratore generali Regis, de mandato expresso eiusdem Domini nostri Re-*

*gis, iteratis vicibus facta, & sub mod[illegible] tionibus in registro curiæ contentis, Par[illegible] in Parlamento.*

C'est à sçauoir, que les parens cohe-ritiers & autres pourront par eux, entre eux, quand bon leur semblera, faire les prisees & estimation de leurs biens, & sans ce que lesdits priseurs les puissent audit cas contraindre de les y appeller.

Faict en Parlement, l'vnziesme iour de May, l'an de grace, mil cinq cens cinquante huict.

Ainsi signé, DV TILLET.

www.ingramcontent.com/pod-product-compliance
Ingram Content Group UK Ltd.
Pitfield, Milton Keynes, MK11 3LW, UK
UKHW032029260826
14628UKWH00006B/2831

9 782329 304762